YOU
高野 優
TAKANO

HSP! 自分のトリセツ

～共感しすぎて日が暮れて～

1万年堂出版

はじめに

声を大にして、
なんなら拡声器を担《かつ》いで伝えたい。
HSPは病気じゃないですよー。
ただの、ひといちばい敏感な性質ですよー。
「HSPって治さなきゃいけないものなの？」
と心配しなくても、
「うちの子、HSCみたいだけど
これからどうなるの？」
と頭を抱えなくても大丈夫。
ただの5人に1人の性質です。（本日2度目）

それなのに、HSPイコール生きづらいと決めつけたり、
病気に直結するように書かれている本が巷《ちまた》にあふれている。
どうしてなのかずっと首をかしげていたけれど、
本著の対談で、HSPの先駆者でもある精神科医の先生から、

＊HSP（Highly Sensitive Person）……ひといちばい敏感な人
＊HSC（Highly Sensitive Child）………ひといちばい敏感な子

「カウンセリングの先生が書いていることが多いから」
と、聞いてすとんと腑《ふ》に落ちた。
たしかに、病院の先生は受診される患者さんを診て、
その症状をもとに書かれるからムリもない。

ただ、生きづらさばかりが注目されてしまうと、
本人も周りも誤解を生じてしまうはず。
病院の門を叩《たた》くほどの深刻さはなく、
ちょっとした違和感のようにとらえている方だっているはず。
たとえば、すぐにカチンとくる短気なひとがいれば、
のんびりとした気長なひとだっている。
それと同じで、ほかの人と比べてただ敏感なだけ。

本著を読み終えたHSPの方が、
「なんでほかの人とこんなに違うんだろう…」じゃなくて、

「敏感だっていいんじゃない?」と思ってくれますように。
そして、HSCのお子さんを育てている保護者の方と
生徒さんに接している教育関係者や支援者の方が、
「わがままじゃなくて、ひといちばい敏感な子なのね」と
わかってくれますように。

わたしはHSPを知ってから、
「空気は読むものじゃなくて吸うもの」と置き換えて、
この敏感な性格を抱《かか》えつつ、
ゆるゆると適当に生きていこうと決めたところ。

HSPのハンドルを握ったあとは、活かすも殺すも自分次第。
どうせだったら長い人生、
楽しく気ままに操縦していけますように。
新しい世界は眩《まばゆ》いことばかり。

＊HSS（High Sensation Seeking）……刺激探求タイプ

もくじ

HSPですから

2 HSC 怒られ損の子が、ひとりでもなくなりますように

3 HSS 生きづらさの一言では片づけられないものがある

自分の敏感さを知って
重い荷物を下ろしましょう

みんな同じじゃなかったの？

ぐったり
みんなそうだと思っていた。
みんな同じだと思っていた。
疲れすぎてもはやゲル状。
それが違ったなんて
えー!? ホント? そうなの?
さんざん驚いたあと
偶然HSPを知って
だからかぁ
そっか
何度もうなずく。
いいんだ。疲れてもいいんだ。
そう考えてからは、身も心もラクに
幽体離脱なみ
一緒に重い荷物を下ろしましょう!!

HSPのトリセツ はじめの基礎知識

HSP Highly Sensitive Person

およそ５人に１人の
ひといちばい敏感な人。
五感や他人の気持ちに敏感で、
小さな変化に気づきやすい、
共感力が高い、物事を深く考える、
などの特性を持つ。

＊ＨＳＰチェックリストは19ページ

HSC Highly Sensitive Child

ひといちばい敏感な子
（ＨＳＰの子ども時代のこと）。

＊ＨＳＣチェックリストは57ページ

ＨＳＣは大人になると、
ＨＳＰになります

HSS High Sensation Seeking

刺激探究タイプ。
好奇心が旺盛で、新しいことや
珍しいものが好き。退屈は天敵。
次に何をするのか読めないタイプ。

＊ＨＳＳチェックリストは100ページ

性格を「敏感」と「刺激」の２方向から分類すると、
左ページの４タイプに分かれます。

あなたはどのタイプ？

敏感

HSP/HSS

- ◆好奇心旺盛だけど刺激には弱い
- ◆環境の変化や他人の気持ちによく気づく
- ◆珍しいこと、新しいものが好き
- ◆石橋はたたくがすぐに渡る

HSP
（非HSS）

- ♣共感力が高く平穏を好む
- ♣物事を深く考える
- ♣暴力的なものや、環境の変化が苦手
- ♣石橋をたたいてたたいてようやく渡る

刺激を求める

刺激を求めない

- ♠好奇心旺盛
- ♠飽きっぽく、常にスリルを求める
- ♠細かいことは気にしない
- ♠石橋をたたかずに渡る

（非HSP）
HSS

- ♥マイペース
- ♥さほど好奇心はない
- ♥ルーティンワークが好き
- ♥物事を深読みしない

HSPでもHSSでもない

敏感ではない

驚きのHSPチェック

うちあわせで、HSPチェックリストをやってみたら…

HSP＋HSS（刺激探求タイプ）＝⁉

ひょんなことから自分自身がHSP／HSSだと知り、
まずはじめに口からでたのは「あ〜、だからか〜」の一言。
そのあと「な〜んだ」と、ちょっとだけため息まじりの言葉。

敏感なのに、衝動的。
熱しやすく、冷めやすい。

幼い頃からアクセルとブレーキを
同時に踏んでいるような性格のため、
頭を抱えていた両親は、わたしを軌道修正しようと
いつだって躍起《やっき》だった。

もしもそのとき、ＨＳＰという言葉が浸透していたら…。
もしもそのとき、病気ではなくて特徴だと知られていたら…。
たくさんの「もしも」が頭のなかを行ったり来たり。

もう戻れないからこそ、
同じように悩む方がひとりでも少なくなるために、
この場をお借りして綴《つづ》らせていただけたら。

「ＨＳＰ」のことをなんにも知らなかったわたしは
この扉を開けたおかげで、
これから歩む道のりが、ぱーっと広がった気分。
この爽快な気持ちを
手に取ってくださっているあなたにもぜひ。

HSP Highly Sensitive Person
ひといちばい敏感な人 チェックリスト

どちらかといえば当てはまるのなら「はい」、全く当てはまらないか、ほぼ当てはまらない場合は、「いいえ」と感じたままに答えてください。

- □ 自分を取り巻く環境の微妙な変化によく気づくほうだ
- □ 他人の気分に左右される
- □ 痛みにとても敏感である
- □ 忙しい日が続くと、ベッドや暗い部屋などプライバシーが得られ、刺激から逃れられる場所にひきこもりたくなる
- □ カフェインに敏感に反応する
- □ 明るい光や強い臭い、ザラザラした布地、サイレンの音などに圧倒されやすい
- □ 豊かな想像力を持ち、空想にふけりやすい
- □ 騒音に悩まされやすい
- □ 美術や音楽に深く心を動かされる
- □ とても誠実である
- □ すぐに驚いてしまう
- □ 短時間にたくさんのことをしなければならない場合、混乱してしまう
- □ 人がなにか不快な思いをしているとき、どうすれば快適になるかすぐに気づく（たとえば電灯の明るさを調節したり、席を替えたりするなど）
- □ 一度にたくさんのことを頼まれるのが嫌だ
- □ ミスをしたり、忘れものをしたりしないよう、いつも気をつけている
- □ 暴力的な映画や、テレビ番組は見ないようにしている
- □ あまりにもたくさんのことが自分の周りで起こっていると、不快になり神経が高ぶる
- □ 生活に変化があると混乱する
- □ 繊細な香りや味、音楽を好む
- □ ふだんの生活で、動揺を避けることに重きを置いている
- □ 仕事をするとき、競争させられたり、観察されたりしていると、緊張していつもどおりの実力を発揮できなくなる
- □ 子どもの頃、親や教師は自分のことを「敏感だ」とか「内気だ」と思っていた

質問のうち12個以上に「はい」と答えたあなたは、おそらくHSPでしょう。

しかし、どんな心理テストよりも、実際の生活の中で感じていることのほうが確かです。

たとえ「はい」が1つや2つしかなくても、その度合いが極端に強ければ、あなたはHSPかもしれません。

HSPを知って自分のトリセツ発見！。

それは印籠《いんろう》じゃない

HSPですから…
ふりかざす気も
HSPのお通りー
いばる気もない。
探検中に
自分の取扱説明書を見つけて
納得している
ナルホド
感じかな。

そろそろ自分の手当てを

ずいぶんと長いあいだ、
自分のことをめんどくさいなーと思ってきたけれど、
「HSP」という言葉を受け入れてからは、
自分のことを、もっともっと慈《いつく》しもうと思うように。

これはわたしにとって大きな変化。
たとえて言うなら、ぼんやりと眺めていた風景画から、
ふんわりと草木の香りが漂《ただよ》ってきたような、そんな感覚。

今までずっと周りの手当てをしてきたけれど、
そろそろ自分に目を向けてもいいよね？

そろそろ自分の手当てをしてもいいよね？

「わたしって泣き虫なひとだからぁ〜…」

そんな甘ったるいアピールを聞くのは、ちょっと苦手。

だからこそ、

「わたしって敏感なひとだからぁ〜…」

と、あちこちに言って回る気はまったく無い。

自分をまるごと知って、舵《かじ》を取って前に進みたいだけ。

ＨＳＰという特性が、周囲から誤解を招かないように、

ＨＳＰを抱えている人たちの肩の力が抜けるように、

注意をして綴《つづ》っていかなくっちゃ！

と、ちょっとだけ鼻息が荒い昼下がり。

いつだってお悩み相談所

悩む友人よりやつれるのはなぜ？

共感力の高さがしんどいときは？

とにかく聞き流すことができなくて。
真剣に話してくれているのだから、
こちらも真剣に聞かなくっちゃ！と、
ついつい肩に力が入ってしまいがち。

いいかげんなくせに「超」がつくまじめなので、
（両極端なのはＨＳＰ／ＨＳＳのなせる技）
聞き終わる頃には、いつだってへとへと。

持って生まれたストレートな共感力のおかげで、
誰かと手を取り合って

感情の赴くまま素直に喜んだり悲しんだりと、
良い面はたくさんあるけれど、
喜びすぎるとか、悲しみすぎるのは、ときにしんどい。

ただ、耳を傾けるだけでいいのかもしれないのに。
なにか力になれないかと思いあぐねては、
そもそも力なんて持っていないと知ってため息をつく。
悪循環の繰り返し。

そんなわたしを救ってくれた言葉こそが「境界線」。
この大切なキーワードを、わたしが知るのは
ずっとあとのこと。

天敵は気圧の変化と淀《よど》んだ空気

台風が来るたび孫悟空に変身!

頑丈なのが
取り柄なのに
気圧には
察知中
重～い
匂い
めっぽう弱い
台風が来るたび
キンコジが×××
ぎゅ
気分は孫悟空。
天候の変化にも
敏感なので
明日雪?
雨?
POLICE
警察犬なみの
扱い。。。

ひといちばい敏感な理由がわかって一安心

幼いときから、鼻が利くと思っていたけれど、
そのわりには腐った食べ物に鈍感で、
敏感なのは空気だけだと気づいたのは
大人になってからのこと。

雨や雪が降る前の匂いがわかるのは良しとして、
問題は、人が発する空気の濁《にご》りや淀《よど》み。
満員電車の中や、学級崩壊している教室から漂《ただよ》う
あの息が詰まりそうな空気は、けっこうしんどい。

そのしんどさから自分を守るために、

いつだって、目には見えない薄い膜《まく》を張っている。
思いきって勢いよくばりばりと、
その膜《まく》を破って過ごせたら、どんなに爽快なんだろう。

普段は横着なくせに、換気にだけは人一倍
気を遣う理由がわかって一安心。

そういえば、雨が降るときに鼻をくすぐる独特な匂いには、
「ペトリコール」
という化学物質の名前がついているそう。
なんともかわいい名前だこと。

天気予報では曇りとなっているけれど、
雨の匂いがするから、きっと明日は雨模様。

肌ざわりを追求

この世はNGな素材だらけ

こだわる理由がわかっていくと

なにがなんでも肌ざわりが命！

どんなに好きなデザインでも色でも、
選ぶ基準は肌ざわり。

子どもの頃から洋服に付いているタグが苦手。
かといって肌が弱いわけでもないので、
母親をずいぶんと困らせたはず。
でも、ただのわがままだと誤解されていたのが、
胸の奥がぎゅっと潰《つぶ》れるようで、ただせつなかった。
どちらかと言えば肌は強いほうで、

トラブルとはほとんど無縁なまま。
だからよけいに、肌ざわりにこだわることが
不思議で仕方なくて。
ほかの誰でもない自分自身のことなのに。

そして今、それもHSPの特徴のひとつだと知って、
「そっかそっか、だからか」
と、何度もうなずいている。

ホテルの備品は、苦手な肌ざわりなものが多いので、
出張のときは、パジャマとスリッパとタオルを常に持参。
荷物が多いのは結構大変だけど、
心地よく過ごすためとパッキングをする。
「そっかそっか」とうなずきながら。

「ひとりになりたい」シンドローム

寝かしつけたあとのおたのしみ

ひとりの時間が ほしい。。。
早くねろ〜〜
早く
くか〜っ
これよ これ〜〜♡
間接照明
肌ざわりのいいブランケット
ヘッドフォン
アロマ
わっ
なにしてんの？ おまじない？

わかってもらえなくても

「ひとりになりたいんだよね」
母親学級で知り合ったお母さんたちに呟《つぶや》いた。

「わかるよ、しんどいよね、わたしもだよ」
そんなふうに共感してもらえるかと思いきや、
返ってきた反応はまるっきり逆。
「どうして!? 自分の子なのに?」
「わたしはいつもこの子と一緒にいたいけど」
信じられないという口ぶりに、
みんなと足並みをそろえられない自分が
母親として成熟していないようでなさけなかった。

それでもやっぱりひとりになりたいときがある。
なにかに追われているようで、しんどくて仕方ない。
遠い場所に出かけなくてもいいから、
部屋の片隅に真空パックをつくって、
そこでただ膝《ひざ》を抱えて、ぼんやりと時を過ごせたら。
そんなことばかり考えていた。

今だからわかる。
逃げたいものの正体は「刺激」だった。
いつかのわたしと同じように、
がっくりと肩を落としている方がいたら伝えたい。
ひとりになりたいと思ってもかまわないから。
数え切れないたくさんの刺激から、
自分のことを守ってもいいんだよと。

敏感センサー注意報

ケンカやトラブルの察知能力が、やや高め

〜学生時代〜
ケンカ中だ
敏感センサー
〜社会人時代〜
トラブル中だ
〜PTA時代〜
いざこざ中だ
敏感センサーも取り外しできたらいいのに
ほどほどに

敏感すぎるのも困りもの

だれかの気持ちに敏感になったところで、
上手に仲裁できる裁量なんて、どこにもないから、
結局はひとりで右往左往するだけ。

周りに悟られてはいけないと思うせいで、
体内は「おろおろ」と「はらはら」と「まごまご」だらけ。

殺伐《さつばつ》としているあの人間関係のイヤ〜な雰囲気は、
ちょっと強い静電気に似ているかもしれない。
触れるとびりっと痛くて痺《しび》れるから、
なんとかして触れないで済む方法を考えてみる。

もともと平和主義（事なかれ主義かも）なので、
人と争うのが大の苦手。
一触即発の雰囲気にならないようにと願ってばかり。

揉《も》めごとが起こる震源地からはできるだけ遠く離れて、
願わくば、機嫌よくハナウタを歌って暮らしていたい。
でも、願う気持ちもときに疲れちゃうのよね。

周りでおこる微妙な変化に、
いっそ気づかない人になれたらいいのに…。
そのほうが、物事は案外円滑《えんかつ》に進むのかもしれない。
もしくは、気づいたときは、
一瞬で透明人間になれたらいいのに…。
なんて延々と考えるクセも、これはこれで困りもの。

『気にならない人』になってみたい。

みんな聞こえているものだと…

五感全部に
妖怪？
触
味
嗅
視
聴
敏感なわたし。
長女は音だけに
敏感。
ヴィー
モーター音
おとなりのカギの音
かちゃ
次女と三女が
冷蔵庫って音する？
うらやましくなるときも。。。

神経質ではなくて、気づきやすいだけ

これが炭鉱のカナリアと言われる所以《ゆえん》なのかと。
カナリアは有毒ガスを真っ先に知らせるため、
鉱夫が炭鉱へ入るときは、鳥かごにカナリアを入れたとか。

カナリアほどではないけれど、
地震の揺れなら誰よりも早く気づけると自負している。
いわば、探知機や警報器みたいなものかしら?
だとしたら、ちょっとだけ誇りと自信を持っていいのかも。

ただひとつ難点が…。
気づくだけじゃなくて、防ぐ力が備われば最強なのに。

すぐに☆驚くのも☆HSP？

「ぎゃっ」「わっ！」って、1日に何回言いますか？

「なんで驚くの？」VS「なんで驚かないの？」

「なんでそんなに驚くの？」

顔をのぞきこまれて聞かれるたび、逆に、

「なんでそんなに驚かないの？」

眉毛をぴくりとも動かさない友人が、
とにかく不思議で仕方ない。


先日、講演会終了後にロビーを歩いていたら、

「あっ、優さん！」

と、お客様からふいに声をかけられて、

「えーっ！　どうしてわかったの？」

と、鳩が豆鉄砲を食《く》らったような顔で驚いてしまった。

よくよく考えると、
ほんの数分前まで壇上で話をしていたんだから、
わかるのは当たり前なのに。

わたしがあまりにも驚いたせいで、
相手の方がさらに驚いて声をあげてしまい、
その声に驚いたわたしが、輪をかけて大声をだすという
できの悪いコントを繰り広げてしまった。

いっそ、

「猛犬注意」「熊出没注意」の看板のように、

「すぐ驚くから注意！」

と書いて背中に貼っておくべきか。

苦手なシーンが多いのはなぜ？

映像に「のみこまれてしまう」感覚

HSC（ひといちばい敏感な子）だったから

「だからだったんだ」
HSCを知ってから、そう呟《つぶや》くことがぐっと増えた。
災害のニュースにふれるたび、押し潰《つぶ》されそうになる。

被災地から距離的にかなり遠いというのに、
眠れなくなったり悲しくなったり。
いつだってそう、心理的なものが近すぎる。

映画やドラマで、目をそむけたくなるようなシーンを見ても、
次の瞬間にはけろっとしている娘たちが羨《うらや》ましい。

子どもはいいなぁ。
そんなふうに羨《うらや》んだあと、ふと首をかしげる。
そういえば、わたしは幼いときから
恐怖や不安を感じるシーンが苦手で、正視できなかった。

ああ、そっか「ＨＳＣ」の仕業だ。
だからだったんだ。

そう呟《つぶや》いた瞬間、胸の奥にあった荷物がことんと音をたてて
どこかへ転がっていった。
もっともっと身軽になろう。
きっとなれる。

まずはHSPのネガティブなレッテルを外しましょうよ

友達に「私、ＨＳＰらしい」って話をしたとき、「そうやってすぐ、名前とか病名とかつけたがるー」って言われたんですよ。笑。

ＨＳＰの話をすると、「自分もそうだ」「腑《ふ》に落ちた」と言う人もいれば、「理解はできないけれど、そういうのも大事だよね」と受け入れてくれる人もいる。だけど、ＨＳＰを自己防衛や自己主張の道具に使っていると受け取る人もいる。「敏感だから気を遣ってくださいって言いたいの？」みたいなね。

全然違うのにー。

対談相手 **明《あけ》橋《はし》 大《だい》二《じ》**（精神科医）

真生会富山病院心療内科部長。

児童相談所嘱託医、NPO法人子どもの権利支援センターぱれっと理事長。

著書は「子育てハッピーアドバイス」シリーズ、『なぜ生きる』など多数。

長年の診察で、ひといちばい敏感な子がいることを感じていたときに、
エレイン・N・アーロン氏の著書に出会い、強く共感を覚える。

まだ邦訳がなかった『The Highly Sensitive Child』の翻訳を手掛ける。


フッフッフ。確かにそれは、ちょっとゆがんだ見方だと思いますけどね、私は。

結論から言うと、ＨＳＰは病気とか障がいではないです。

はい。

これは持って生まれた気質、まあ性格ということなんです。

そのひとつが「ひといちばい敏感だ」ということです。

じゃあ、ＨＳＰと病気の明確な違いって、なんですか？

病気っていうのは、あるときから発症して、その人自身、なにか苦しい状態をいうんですよね。苦しいので、それを治さないといけない、という発想になっていくわけです。

発達障がいとの明らかな違いは？

気質というのは？

気質は持って生まれたものなので、治すべきものでもないし、基本的に変えることはできないんです。
ですから、そういう気質を知って、それに合った生き方を選んでいくことで、幸せに生きることができるんです。

明橋先生から、病気じゃないよって言葉をぜひお聞きしたかったんです！
じゃあ、ＨＳＰと発達障がいとの違いは？

発達障がいの中でも、アスペルガーとＨＳＰは、まず違う

だろうといわれています。アスペルガーは、人の気持ちを読むのが苦手。だけどＨＳＰは、むしろわかりすぎるぐらいわかる。全く真逆なんです。

自分の子ども時代のことを考えると、多動（ＡＤＨＤ）だったのかなと思っていたんですが、調べていくうちになんだか違うような気がして。

ＡＤＨＤの人は、もともと気が散りやすい。相手がしゃべっているのに、だしぬけに別の話題を言ったりするわけですよね。確かにＨＳＰも気が散りやすい。だけど、それは周りにいろいろ刺激があって、それが全部入ってきちゃうからです。

神経質でも臆病でもなく、ただ敏感なだけ

違うのは、そういう刺激がないとき、ＨＳＰは集中できます。一対一で話してみるとわかります。ＨＳＰは相手の話をよーく聞いています。だけど、ＡＤＨＤの人はなかなかそこに集中できない。ＨＳＰは、まず相手の気持ちを理解しようと思いますよね。そこが違います。

もうひとつ、どうしても聞きたかったのが、ＨＳＰと神経質との違いです。

神経質も、やっぱり細かいところが気になるということですよね。では、なぜ「ひといちばい敏感」という言葉がつけられたかというと、「神経質」では、すでにネガティブなレッテルが貼られているじゃないですか。「臆病」にしても、「恥ずかしがり屋」にしても。

全部マイナスですね。

はい。だけど「ひといちばい敏感」ということは、決してマイナスばかりではなく、感受性が豊かだったり、人の気持ちがわかったり、そういう素晴らしいところもたくさんあるわけですよね。

神経質じゃなくて、気づきやすい！

そうそう。だからもちろんネガティブな部分もあるけど、メリットもあるということです。

HSPって日常生活が
4Dの映画そのもの
常に
五感がフル稼働
疲れるわけよね…
げそっ

怒られ損の子が、
ひとりでもなくなりますように

「どうして？」というレッテルを取り外して

お子さんがＨＳＣだと知らない保護者の方は、

「どうしてうちの子は好き嫌いが多いんだろう？」

「どうしてうちの子はわがままなんだろう？」

「どうしてうちの子は…」

と思いあぐねているのかもしれない。

誰かから親の躾《しつけ》が悪いからだと責められて、
自分の育て方を責めながら、子どもも責める。
そんな悪循環は悲しいし、意味なんてひとつもない。
ほかのお子さんと横並びにするために

怒ったりなだめたりと、大変な労力や心労だと思う。
かつて、わたしの両親がそうだったように。

でも、もしかするとあなたのお子さんは、
ただのわがままじゃなくて、躾《しつけ》が悪いわけでもなくて、
ＨＳＣという特性なのかもしれない。

癖なのか特技なのかよくわからないけれど、
わたしは些細《ささい》なことをよく覚えている。
話す相手の洋服のデザインや色、食べた料理の盛りつけとか。
そのときに流れていた音楽やお店の匂いまで。
記憶力と暗記力は異なるのか、
勉強にはまったく生かされなかったのが、なさけないけれど。

幼い頃の記憶もかなり鮮明で、
住んでいた家の間取りや階段の数、植木の花の香り、
家具に貼られていたシール、食器棚のざらっとした手ざわり、
遊んでいたオモチャの細部まで、はっきりと図で描ける。
あまりにも記憶力がいいので、
両親や親戚から気味が悪いと眉をひそめられたことがある。
細かいことまで覚えていて、子どもらしくないと怒られてからは、
口をつぐむようになった。

でも今、その記憶力があってよかったと思う。
そのおかげでＨＳＣの特性をあますところなく綴《つづ》られるから。
お子さんがＨＳＣだと気づいて、
ほっと胸をなでおろす方がひとりでも増えますように。

HSC Highly Sensitive Child
ひといちばい敏感な子 チェックリスト

お子さんについて、どちらかといえば当てはまる場合、あるいは、過去に多く当てはまっていた場合には「はい」、全く当てはまらないか、ほぼ当てはまらない場合は、「いいえ」と感じたままに答えてください。

- □ すぐにびっくりする
- □ 服の布地がチクチクしたり、靴下の縫い目や服のラベルが肌に当たったりするのを嫌がる
- □ 驚かされるのが苦手である
- □ しつけは、強い罰よりも、優しい注意のほうが効果がある
- □ 親の心を読む
- □ 年齢の割りに難しい言葉を使う
- □ いつもと違う臭いに気づく
- □ ユーモアのセンスがある
- □ 直感力に優れている
- □ 興奮したあとはなかなか寝つけない
- □ 大きな変化にうまく適応できない
- □ たくさんのことを質問する
- □ 服がぬれたり、砂がついたりすると、着替えたがる
- □ 完璧主義である
- □ 誰かがつらい思いをしていることに気づく
- □ 静かに遊ぶのを好む
- □ 考えさせられる深い質問をする
- □ 痛みに敏感である
- □ うるさい場所を嫌がる
- □ 細かいこと（物の移動、人の外見の変化など）に気づく
- □ 石橋をたたいて渡る
- □ 人前で発表するときには、知っている人だけのほうがうまくいく
- □ 物事を深く考える

質問のうち13個以上に「はい」なら、お子さんはおそらくＨＳＣでしょう。
しかし、心理テストよりも、子どもを観察する親の感覚のほうが正確です。
たとえ「はい」が1つか2つでも、その度合いが極端に強ければ、
お子さんはＨＳＣの可能性があります。

『一言で言うと育てにくい子』だったわたし。
できないことや苦手なことばかり。

スモック
ちくちくする〜
首と袖のゴムがNG…
ひぃーん
ゴムのあとがかゆくなる
手拭きタオル
フックにかけないといけない→
好きな絵が歪むのがNG…
バレエシューズ
指でさわっては
そ〜っと
苦手なのにさわっちゃう。
甲のしめつけ感とつるっとしたさわり心地がNG…

給食
カレーライスが苦手×××
味が混ざるとNG…
と
が
カレー
ライス
別々なら大好物
サラダも同じで
と
と
レタス
トマト
コーンが
別々ならOK
タイツ
パンツ姿のまま泣いてしまったり…
お遊戯会はその他大勢の役
ざらざら感がどうしてもNG…
団体行動
みんなと一緒に体操や行進ができない
毎日泣いてばかり。
シール
登園するとスケジュール帳にシールを貼ってもらえるのが楽しみ
でも
ズレているときも×××
シールがズレていると悲しくて一日終了
だーーっ

蛍光灯の
眩しさ
イライラしている
クラスメイトの
雰囲気
工事の音
汗のにおい
給食のにおい
先生の怒鳴り声や
舌打ちの音
隣の席の子の
貧乏ゆすり
埃のにおい
板書する
チョークの音

体操でつかうマットはもはや天敵。
埃+汗のダブルパンチ
むぉ〜っ
さわれない。
てっきりクラスメイトはイヤな音やにおいをガマンしているのかと。
わたしはなんてダメなんだろ
高学年になるにつれ、友達と遊ぶことが楽しくなって
苦手なことが少しずつ消えたみたい。
見て見ぬフリ
聞こえないフリ
におわないフリが
上手になったのかも。
そして今ー
非HSCの子たちは、そもそもほとんどのことが気にならないと知って
HSC
非HSC
ただただびっくり×××
うらやましい。

だんだん自分のことがわかってきた。
嫌いなこと
苦手なこと
できないこと
好きなこと
得意なこと
できること
NG
OK
当時カッコイイと思ってたヘアスタイル
自分の気質がわかってくると、
今度は
自分と相手との関係がしんどくなるように。
『HSPあるある』→友人といるのはすごく楽しいのに会ったあとは疲れちゃう。
みんな多感でムズカシイ
小学生の頃なら、苦手なクラスメイトとつきあわなくても平気。
悪口+文句200%
全力逃亡
フキゲンな人が苦手×××
逃げるが勝ち。

でも×××
中学生になると人間関係は複雑に絡みあって、
休み時間、一緒にトイレに行くのが苦手~~
仲よしグループも苦手~~
逃げてばかりもいられない。
そばにいるだけでうつっちゃうから
いつも怒っているひと
うつりやすい性格がイヤ
いつもため息をついているひと
ダメージ大…
同時に相談所?開設。
ねぇ、話聞いてくれる?
信頼されているならとはりきるものの、聞き終わったあとは―
気疲れで
ぐったり+げっそり
ひとりで空回り。
ダウン↓↓↓
楽しみは部活だけ。

部活は忙しいし
ライブに明け暮れているし
男の子を追いかけるのも
大変。
勉強はそっちのけ
毎日、忙しすぎてキャパオーバーの
でも
忙しくて刺激的な生活が好き♥
とは言え、空気を読みすぎる癖はあいかわらずで
なにしてんだか。
ひとりで気を揉んで、ひとりで気疲れして。
中学生と同様、多感な時期でぐちゃぐちゃだったなあ。
HSC＋HSS＋多感＝玉石混淆
青い春はやっかいで大変〜
立ち止まる時間さえなかった高校生活。
全力投球

大人になってからも
相談員生活？は
変わらないまま。
あるとき、
ふと気がついた。
信頼しているとか
していないとかじゃ
なくて、
話を聞いてくれる
ひとなら誰でも
いいのかなあと。
気づくのおそすぎ
五感は
過敏なままだけど
人前ではガマン
できるように。
首
とは言え、
クロスだけはNG。
でも今はきちんと
少し緩めて
もらえますか？
すみません
説明できる。
ただ泣いていた
あの頃とは違って、
今、思うことはひとつ。
もっと前からHSCが
周知されていたら。。。
首が
ちくちく
してイヤ〜。。
あんなに怒られなくて
すんだのに。
あんなに周りを
困らせなくてすんだのに。
願わくば、
HSCという言葉が
もっともっと
広まりますように。

『くだらない』と怒られるときのお守りは

どんなに傷ついても、心の世界は自由自在

毎日親から怒鳴られてばかり。
小学生のわたし
いつからか別世界へワープする技?を覚えた。
神妙な顔
好きな物語の別の結末～
本が映画化するときの配役～
そうして胸の痛みをとりのぞいていたわたしは
小さいけれどタフな負傷兵。

どうしてみんなと同じようにできないんだろう?

両親から怒られる理由は、決まって2つ。

「どうしてほかのみんなと同じようにできないんだ!?」

「どうしてお姉ちゃんはできるのにできないんだ!?」

どうして周りと足並みをそろえられず、
突拍子もないことばかりしてしまうのか。
どうして姉はなんでも完璧にこなすのに、
わたしはこんなにも不器用なのか。

たくさんの「どうして」が、頭のなかを行ったり来たり。

「でもね」

と、一度だけ勇気を振り絞って、切りだしたことがある。

「たしかに勉強も運動もできないけれど、
わたしには友達がたくさんいるんだよ。
学芸会や音楽会はいつも委員長をやっていて、
企画を考えているときがいちばんたのしい」

精一杯の胸のうちを伝えたつもりだったのに、
返ってきた言葉は、吐き捨てるかのような一言。
「くだらない。それがなんになる?」

想像の世界へ自由自在に渡れる切符を持っていたから、
どんなことでも乗り越えられた。
ほんとうにくだらないのは誰?

学生時代は先生に頼られる小さな大人

学校の先生から、大人がする仕事まで任されてしまう

先見の明かもしれないけれど

支援学級へ向かうようにと言われるのは、
Kちゃんとわたしの2人だけ。
叩《たた》かれたり、噛みつかれたり、髪を引っ張られたりと、
痛みをがまんすることは平気だけど、
顔に唾《つば》をかけられるのだけは、嫌で仕方なかった。

先生に相談しても、
「みんな優ちゃんたちが来てくれて、うれしいのよ。
でも、言葉にするのが苦手だから、がまんしてあげてね」
と、上手に論点をすりかえて説明されるだけ。

大人になってから振り返ると、先生にとっては
あれこれ頼みやすい都合のいい子だったのかなぁと思う。
できることなら、休み時間を自由に過ごしたかった。
支援学級の大きな円い窓から、
クラスメイトがグラウンドで遊ぶ姿が見える。
「明日はあっちに行けるといいなぁ」
そう小さく呟《つぶや》く。

どんなときでも優しく微笑んでいたKちゃんは、
その後、特別支援学校教員の道へ進んだ。

担任の先生に先見《せんけん》の明《めい》があったのか、
それともKちゃんが支援学級の生徒と関わるなかで
決めたことなのかはわからないけれど。

いつだって忘れ物番長。

立たされてばかりの小学生時代

まるごと受け止めてくれる先生がいたから

目の前には、山積みに置かれた夏休みの宿題。
計画的に取り組まなくっちゃと、頭ではわかっている。

それなのに、なんて誘惑が多いことか。
空をもくもくと覆《おお》う真っ白な入道雲が、
北海道の短い夏の始まりをおしえてくれる。
自転車のチェーンに丁寧《ていねい》にオイルを塗ったあと、
向かうのは友達の家。
さあ、今日はペダルを踏んで、どこまで行こうか。

新学期が始まってから、放課後に宿題と格闘する毎日。

「オチコボレ」とレッテルを貼られたわたしたちは、
居残りの常連だった。
担任の先生は半分ため息をつき、もう半分は笑いながら、
こう話しかけてきた。

「宿題なんてやらなくても、
なんとかなると思ってるんだろう?」
そこにいた全員が恥ずかしそうにうなずくと、
「おまえたちみたいなのが、
案外、図太《ずぶと》く楽しく笑って生きていくんだろうな」。
大きな手で頭を撫《な》でてくれたあと、
内緒だぞと言ってラムネのジュースをくれた。
玉押しで器用に瓶《びん》を開けてから、渇《かわ》いた喉《のど》を潤《うるお》していると、

「まいったな！　遊びのことだと、なんでもできるんだから」。
頭をかきながら笑った先生の姿が忘れられない。
オチコボレのわたしたちが、まるごと肯定されたようで、
その日の夜はうれしくて、なかなか寝つけなかった。

先生、わたしは大人になったというのに、
いまだに人と比べて、できないことが多すぎて、
ときどき、どうしていいかわからなくなる。

でも、先生の予言どおり、図太《ずぶと》く楽しく笑って暮らしています。
いつか、そちらの世界へ渡る日が来たら、
今度はラムネをご馳走させてくださいね。
きっと、誰よりも速く蓋《ふた》を開けられるので。

欠点を指摘する人への対処法

「気にしすぎ」「敏感すぎる」でかたづけられること？

ＨＳＣへの配慮は、すべての子に必要な配慮

中学生のとき、ひどく嫌だった授業がある。
あの道徳の時間に、いったいどんな意味や目的があったのか、
いまだにわからない。
いや、わからなくていいのかもしれない。

その授業の名前は「Xからの手紙」。

まず、クラス全員に白紙の紙が配られる。
クラスメイトの中から誰か1人を選び、
その人の嫌な部分を記載して、先生に提出する。

相手のことは名指しで、自分は無記名のまま。
回収を終えた先生は、
名前が書かれた人の机に、事務的に紙を置いていく。

どさっと音が響くほどプリントが置かれた人の
いまにも泣きだしそうな表情や、
1枚も置かれなかった人のガッツポーズを、
複雑な気持ちで眺めていた。

わたしは小さな反抗の意味を込めて、
毎回、白紙で提出していたけれど、
一度だけ、Xから手紙をもらったことがある。

机の上に置かれたプリントを手に取った瞬間、

ふらりと目眩《めまい》を起こしそうになった。

「でしゃばり」「目立ちたがり屋」と
乱暴な文字で書きなぐってあって、
恥ずかしさと悲しさで、胸の奥がぐちゃぐちゃに潰《つぶ》れた。
その後、人前に立とうとする際は、
決まってあの文字が頭をよぎって躊躇《ちゅうちょ》してしまう。

ＨＳＣではない生徒でさえ傷つくのだから、
ＨＳＣの生徒にとっては、なんて酷《こく》な時間だろう。

学校はときに正義を振りかざす、
それが間違っているとも思わずに。

欲張りに生きるのはダメなことじゃない

進むべき道は音楽？　それとも美術？

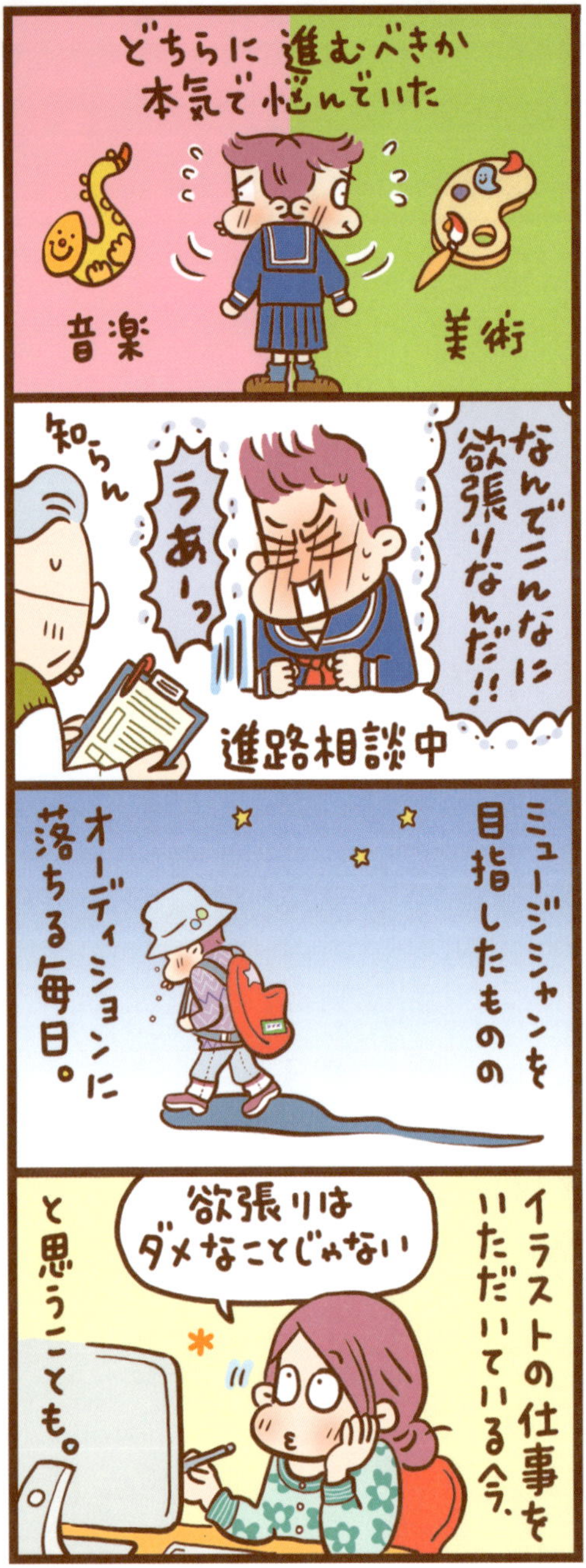

井の中の蛙の行方

美術も音楽も、わたしにとって切り離せない大切なもの。
「美術」というと高尚な雰囲気が漂《ただよ》うし、
胸を張って語れるほど詳しくはないけれど、
作品を前にしたときに圧倒される感覚がとにかく好きで。

「音楽」も同じ。
物心がついた頃には慣れ親しんでいて、
夢中になったミュージシャンと同じ楽器を選び、
同じ道に進むと信じて疑わなかった。

でも、努力だけではどうにもならなくて、

力なく、ごろりと横たわって天井を見上げたとき、
ふと口をついて出た諺《ことわざ》。
「井の中の蛙《かわず》　大海を知らず」

そのとおり、もうあきらめよう。
それから、迷って悩んで、ときに立ち止まって、
ようやくたどりついたのは、いつか見たもうひとつの道。

あの諺《ことわざ》に続きがあると知ったのは、
音楽をあきらめてからずいぶん経った日のこと。

「されど空の青さを知る」
つらかった日々が無駄ではなかったと思えて、
ちょっとだけ泣けた。

HSPの底力を発揮させるには？

マルチタスクはできないけれど

今になってわかること

念願叶って入社したデザイン事務所だというのに、
上司からは「給料ドロボウ」と怒られてばかり。

ひとつひとつの仕事はきちんとこなせるのに、
一度にあれこれ頼まれると、
たちまち効率が悪くなってしまう。

仕事中に来客があると、すっと席を立ちお茶を淹《い》れ、
気の利いた世間話をしながら上司へ引き継ぎ、
なにごともなかったかのように仕事に戻る同僚。
一方、わたしときたら、

作業中に手を止めて、来客の対応をしたら最後、
もとの集中力に戻すのは至難の業。

いとも簡単に、さらりとこなす周りの人たちを眺めては、
自分の要領の悪さがなさけなくなる。

ふがいなくてどうしようもなくて、
結局、退社してフリーランスで働く道を選ぶことにした。

四半世紀が経った今、ようやくわかる。
嘆くほど仕事ができないわけじゃなくて、
同時にあれこれ処理することが、苦手だったんだ。
マルチタスクができないのはＨＳＰの性質だと、
あのとき、きちんと説明できたらよかったのに。

明橋大二×高野優の
解体新書
対談

ひといちばい敏感だと、わがままだと思われがちなんです

子どものときから私は苦手なことがすごく多くて…。ＨＳＰやＨＳＣだと、わがままだと思われがちですが、そういうときはどう対処したらいいんでしょうか。

私は、例えばわがままって言われますけど、じゃあ、どういうところがわがままなのかと聞きたいですよね。

カレーライスにしても、カレーとライスを別々に食べたいというのは味覚の問題だし、好みの問題だと思います。

好みは人それぞれ、誰でも好き嫌いはあるじゃないですか。どうしても苦手な物があるというのを、わがままとはいわないと思うんです。

たとえば趣味でも、「私はスポーツが苦手で、映画を観るのが好きなんです」と言うのは、わがままですか？

それは、好みとか趣向というものであって、わがままといわれるべきものではないと思うんですよね。

わがままと敏感の境界線

私がＨＳＣだったので、とにかく親から怒られてばっかりだったんですね。「服のタグが嫌だ」と言うと怒られる。両親は年がら年中、私にイライラしていました。私のような怒られ損の子どもをひとりでも減らしたくて…。

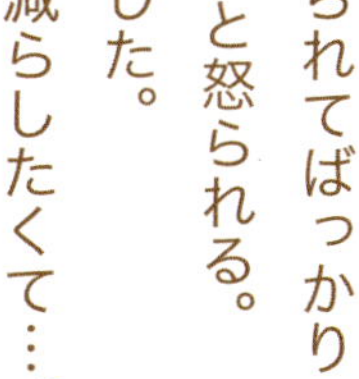

うんうん、そうですよね。

学校では、忘れものをしただけで、ひどく怒られて廊下に立たされたり…。今思えば、私もですが、周りももう少し工夫できたんじゃないかって思うんですね。

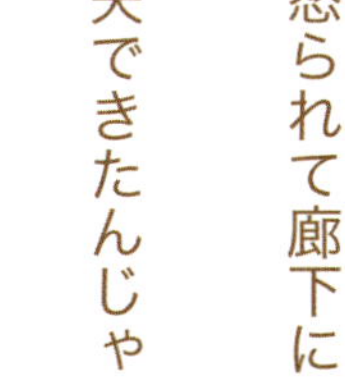

それも、学校の理解の程度によるわけですよね。学校というのは、子どもの起きている時間の半分を過ごすわけだから、学校や先生の対応はすごく大事なんです。

実際、先生がクラスで怒ってばかりいると、別に自分が怒られているわけじゃないのに、怒鳴り声が怖くて学校に行けなくなった、という子がたくさんいるんです。

あとは給食の無理強《じ》い指導ね。苦手なものなのに、絶対食べろと、それこそ5時間目も6時間目もずっと残され、それがいじめに繋《つな》がったということもあるわけです。

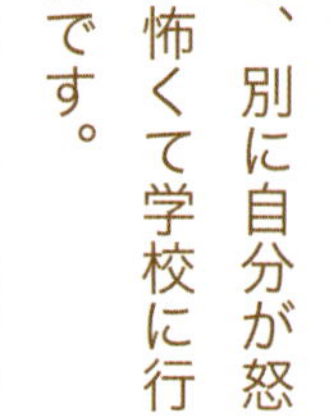

胸が痛いです。私は友達と遊ぶのが目的で学校に行ってたんですが、登校できない生徒もいて。迎えに行くと親御さんから「うちの子いじめられてるの？」って聞かれるんです。いじめられていないし、クラスも荒れていない。でも学校に行けない理由って、ＨＳＣと繋《つな》がっていたのかしら？

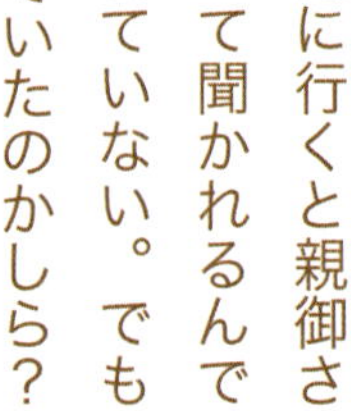

HSC Highly Sensitive Child

その子のタイプを理解すること

子ども自身、わからないんです。みんな普通に行けるのに、なんで自分はお腹が痛くなるのか。わからないし、説明できない。

私がHSC、HSPってものを知ったとき、まさに「これだ！」と。ちゃんとそれが言葉にされているので、これをとにかく広めることが、自分の使命だと思ったんです。

私もHSCだったんだと知って、「だからあのとき、ああだったんだ」とパズルが解けるように、ストンと腑《ふ》に落ちたんです。
楽になった、すべてが繋《つな》がったって。
HSCが日本中に周知されたら、明橋先生の銅像を建てましょうよ。笑。

気にしすぎ
考えすぎ
頑張りすぎ
合わせすぎ
『～すぎ』に ずいぶん
振り回されてきたけれど
おもいきって
全部脱いじゃえ!!
なんて勢いよく
言ってはみるものの
陰干しして 時々
着てしまうかも。
それでも
一歩前進
HSP

生きづらさの一言では
片づけられないものがある

石橋はどうやって渡る？

HSP
+
HSS
のわたし
石橋どころか
泥の橋を
確認はしている
猛ダッシュする派。
落ちて
わあ
ぬかるんでも
どぷ
しつこく
はは
走っていそう。。。
そんなわたしが子どもの頃、親から怒られる言葉ベスト（ワースト？）3!!
思いつきでモノを言うな!!
浅知恵でモノを言うな!!
感情でモノを言うな!!
モノを言うな三連発。

いいこと思いついた！
思いつかなくていいから。またお父さんに怒られるだけだから。。。
この繰り返し。
思いつきと浅知恵と感情で考えるって、HSSを凝縮しているのかも。
感情
浅知恵
思いつき
家の中では怒られてばかりなのに×××
一歩家の外に出ると。。。
家では封じられていた『思いつき』が
ネガティブ〜
周囲から『アイディア』と評されるように。
ポジティブ〜

学祭や体育祭では、
お祭り好き
クラスメイトがサポートをしてくれるおかげで
大盛況
アイディアを発揮!!
クラス替えの日、
優と同じクラスがよかった〜〜!!
そしたらイベントが楽しいのに!!
と言ってもらい、
ありがとう
うれしい
胸の奥はダム決壊。
(人前で泣けない性分)
そのあとトイレで泣けて泣けて。
ちーん
家では居場所すらないわたしが、認めてもらえたことがうれしくて。
がんばろ。

今でもアイディアを考えるのが好きなのは
学生時代に友人が自信という名前の強くて優しいお守りを授けてくれたおかげ。
「熱しやすく冷めやすい」性格は。。。
↑いかにもHSS!!
大人になって、「熱しやすくちょっとだけ冷めにくい」に
変化（進化？）
理想は「徐々に熱してそのまま冷めない」かな。
得手不得手をひっくるめて、
HSP/HSS
自分を大切にしていこう。
HSP
HSS

*肉食系*のHSPがいたってイイじゃない

体温はいつだって高め

がつがつしていて
恥ずかしいけれど
若き日のわたし
the 肉食
仕事の競争や
観察が大好物♥
プレゼン命。
コンペ命。
小さな
事務所なので、
プレッシャーはゼロ。
手ごたえあり!!
おまけに若くて
怖いもの知らず。
代理店の方と
いざ出陣。
勝てば
カンパイ
負けても
カンパイ
熱かったあの頃、
体温41度くらい。

生きづらさもややこしさも全部ひっくるめて

バブル景気が崩壊したあととはいえ、
コンペに勝ちさえすれば、大きな広告の仕事を任《まか》される。
その高揚感や達成感が忘れられなくて、
次も勝ちたいと狙《ねら》いを定める。

当時は立体イラストを造っていたので、
プラスティックのケースに入ったイラストを掲《かか》げながら、
熱を帯びて話す緊張感がたまらなく好きで。

いつしか「自分が好きなイラスト」ではなく、
「コンペで勝つイラスト」を造るようになっていた。

もともと芸術家の要素なんて
これっぽっちもないとわかっていたので、
「コンペで話せるイラストレーター」という、
風変わりで職人的な道が見えたときは、ただうれしくて。

それなのに、道を塞《ふさ》ぐたくさんの声。
「イラストレーターがコンペで話すなんて!」
「イラストレーターは家でイラストを描くべき!」

所属していたイラストレーターの団体から、
先輩たちが築き上げた列や輪を乱すのは、
いかがなものかと注意を受けたこともある。

なんてやりにくいんだろう。

「HSP」や「HSS」と入力すると、
「生きづらさ」いう文字がセットのように並ぶ。

内向的なのか外交的なのか、消極的なのか積極的なのか、
自分の性格がよくわからないと首をかしげたことはあれど、
生きづらいとまでは思いつめていなかった。
でも、じゅうぶん歩きにくかったんだ。
歩けなくて、つまずいて、転んで、また立ち上がって。

内向的なのに外交的で、消極的だけど積極的。
ひとりで過ごすのも好きだけど、人と会うのはもっと好き。
そんな人がいたっていいのになぁと、ため息をひとつ。

HSS High Sensation Seeking
刺激探求タイプ チェックリスト

少しでも当てはまるなら「はい」、あまり当てはまらない、全く当てはまらないなら「いいえ」と感じたままに、答えてください。

- □ 安全なら、変わった新しい体験のできる薬を飲んでみたい
- □ 会話が退屈で、苦痛になることがある
- □ 行ったことのあるお気に入りの場所より、気に入らないかもしないけれど、新しい場所に行きたい
- □ スキーやロッククライミングやサーフィンなど、スリルを感じるスポーツをしてみたい
- □ ずっと家にいると息が詰まる
- □ なにもせずにただ待つのは嫌いだ
- □ 同じ映画を2回以上観ることは滅多にない
- □ 「初めての出来事」を楽しみたい
- □ 珍しいものがあれば、わざわざ確かめに行く
- □ 毎日、同じ人と一緒だと退屈する
- □ 友達に、何をしたいのか予測不可能だと言われる
- □ 新しい分野を探求するのが好き
- □ 型にはまった毎日にならないようにしている
- □ 強烈な体験をさせてくれるアートに引かれる
- □ テンションを上げてくれる物が好き
- □ 何をするか読めない友達が好きだ
- □ 新しい変わった場所に行くのが楽しみである
- □ 旅行にお金を使うなら、知らない外国のほうがいい
- □ 探検家になってみたい
- □ みんなが苦笑するような下ネタギャグや発言でも、結構楽しめる

女性なら、11個以上当てはまれば刺激探求型、
7つ以下なら刺激探求型ではないといえます。
8〜10個ならば、一部刺激探求型のところがあるでしょう。
男性なら、13個以上当てはまれば刺激探求型、
9個以下なら刺激探求型ではないといえます。
10〜12個ならば、一部刺激探求型のところがあるでしょう。
HSPであっても、刺激探求のスコアが高くなることがあります。

ひといちばい敏感なのに、刺激を求めるなんて

バックパッカーがいちばん自分らしい

生活に変化があると混乱する
HSP
生活に変化と刺激を求める
HSS
両面を持つわたし。
HSS/HSP
バックパッカー時代は
毎日が刺激的。
夜、眠る前に地図を開いて、
明日はどこへ行こう？
と考えるのがしあわせで
前世はきっと
遊牧民？

複雑な自分も受け入れて、とことん楽しまないと

内向的で敏感とカテゴライズされるHSP。
一方、好奇心にあふれて衝動的なHSS。
刺激が嫌いなHSPと、刺激的なことに惹かれるHSS。
この2つが混合しているのが、HSP／HSS。
自分で書いていても混乱してしまいそうなほど、
複雑で厄介《やっかい》で、そして面倒。
でも、その面倒な星の下に生まれてきたんだもの、
これはもう受け入れて、とことん楽しまないと。

学生の頃、友人が旅行に誘ってくれたことがある。
憧れていた国だったので胸が高鳴ったものの、

パックツアーだと聞いた瞬間、気分が萎《しぼ》んでしまった。
「安全だし、移動もラクで効率的だよ！」
勧められて納得するものの、なにか違うと腕を組む。
ＨＳＳを知った今なら、その違和感を説明できる。
「多少危険でも、移動が不便でも、自由な旅が好き」
旅に求めているのは、ただひとつ。
なにがおこるかわからないという予測不可能さ。
コントロールがきかないハンドルをひとりで回す、
そのぎりぎりな感じがたまらなく好きだということを。
年を重ねた今では、好奇心の成分が薄まったけれど、
このくらいがちょうどいいのかなぁ…なんて苦笑い。

ネガティブメールは感染注意報！

月曜が大好きなわたしまで急降下

できることなら仁王立ち

とげとげしたことや、ざらざらしたことに触れると、
ダイレクトに影響を受けてしまうので、
できるだけ避けて通るように気をつけている。

「優しくって柔らかなエッセイを書くぞー！」
そう誓ったときにマイナスな言葉を目や耳にすると、
たちまち動揺して気持ちが萎《な》えてしまう。

「笑って泣けちゃう温かい講演にするぞー！」
そう願ってマイクを持っているときに、
マイナスな言葉を目や耳にすると（以下略）。

それくらいで？
もっと気持ちをしっかりと強く持てばいいんじゃない？
という声、ごもっとも。

できることなら、そうありたい。
どんな強風や雷雨にも負けずに仁王立ちのまま、
前だけを向く人でありたい。
それなのに、周りの感情にひどく揺さぶられてしまう。

ちなみにわたし、
外見はおっとりしているように見られがちだけど、
内面は、パッケージに似合わず、がっつり系。
その姿はまさに仁王立ちの仁王像。
（あれ？ もうすでに仁王立ちしていたみたい）

他人の癖が気になりすぎて

苦手な癖ベスト4は

「なんて心が狭いんだろう」と思っていたけれど

映画を観に行ったとき、友人のだす音が気になって
スクリーンに集中できなかったことがある。

スナックの袋をがさがさと開けたあと、ばりばりと噛み、
指をぺちゃぺちゃと舐《な》め、ドリンクをずずーっと飲み干す。
思わず心の中で「うそぉ…」と呟《つぶや》いた。

別の日、その友人も含めて5人でランチにでかけた。
映画館のときと同様、友人は常に擬音であふれているため、
ほかのお客様の目を気にしてしまうわたしは
落ち着かないやら、はらはらするやら。

それなのに、３人の友人はまったく気にしていない様子。
気にしていないフリをしているとしても、寛容でうらやましい。
それに比べて、わたしはなんて意地悪で心が狭いんだろう。
頼りになる大好きな友人なのに、
食べるときの音が、こんなにも気になるなんて。

ずっとそんなふうに思っていたけれど、
ＨＳＰを知るうちに気がついた。
周りの方のだす音が気にならない方は、
そもそも、気にも留めていないということに。

アンテナのキャッチ方法は人それぞれ。
だとしたら、わたしのアンテナは音に過敏に反応しすぎ。
少しは錆《さび》ついてくれてもいいんじゃない？

『気が利く』と『気がつく』の違いは？

こんなときこそ「気配りセンサー」作動！

本当に気が利く人って？

本当に気の利く人は、
気配りしていることを、相手の方に悟られないらしい。

一方、たいして気が利くわけじゃないのに、
必要以上に周りを気にかけてしまうわたしは、
「あんなに気をつかって大変そうね」
と、横目で見られるのが関の山。

そう、悟られちゃだめなのよね。
悟られっぱなしだと、ただ単に下手の横好き。
それだったらいっそ、

どこにも気を配らないで、山奥で適当に暮らしたい。

なんて言いつつも、実は叶えたい夢がひとつ。
子どもたちの手が離れたら、お店を開きたいので、
老体にムチをうちつつ、珈琲の焙煎《ばいせん》教室へ足繁《しげ》く通う日々。
いつか訪れるその日を目指して、
気配りセンサーに磨きをかけておかなくっちゃ。

案外、この持って生まれた気配りセンサーは、
お店の営業に絶大な効果を発揮するかもよ
（ただし、お客様に気配りがバレちゃうのが難点）。

LINE《ライン》の返信がスタンプだけだとどう思う？

HSP機動隊の出動禁止

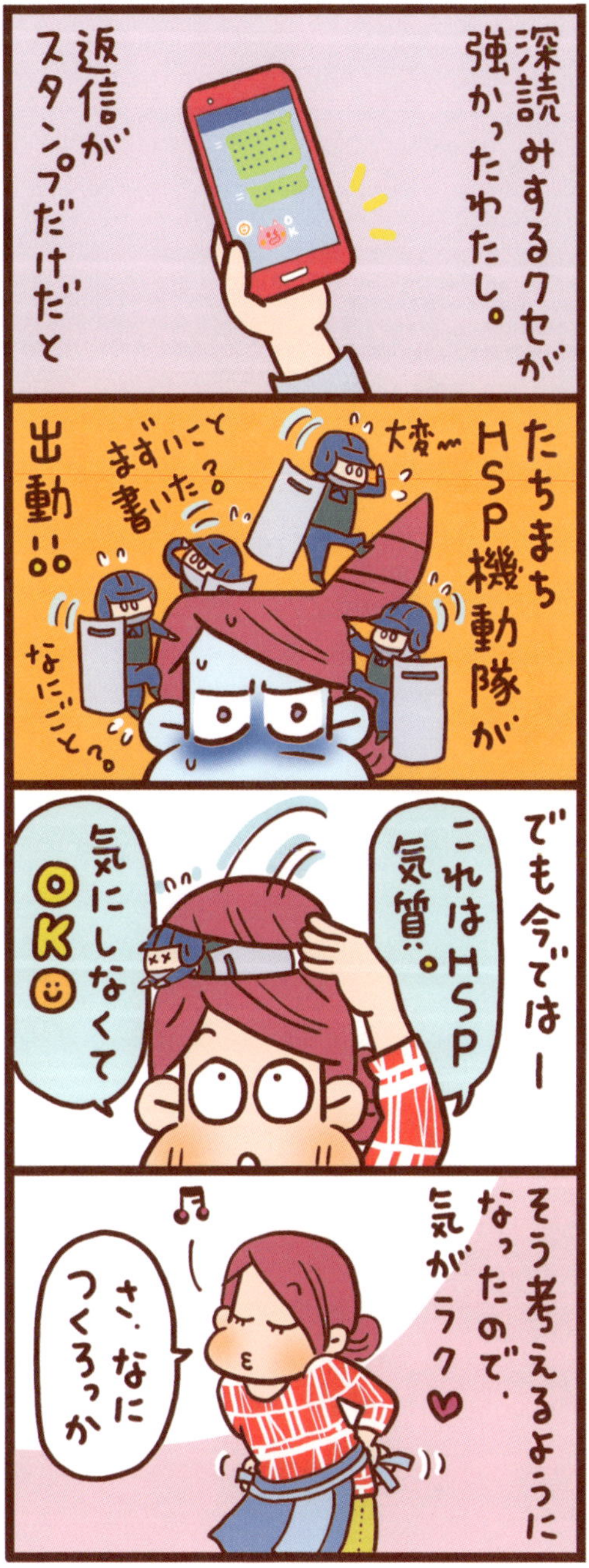

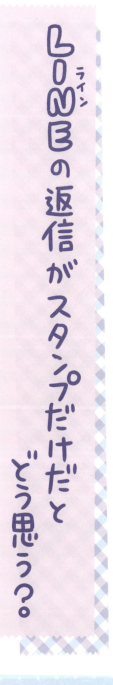

心揺さぶられていた時間を、心抱きしめる時間に

ＨＳＰの特徴が少しずつわかると、
「あ、これはこういうことだったんだ！」と、
パズルのピースがひとつひとつ
収まるべきところに埋まっていくようで、すっきりする。

たとえば、パソコンの返信が「了解」の一言だとしても、
ＬＩＮＥ《ラ イ ン》の返信がスタンプ1個だとしても、
きっと、それ以上でもそれ以下でもない。

ＨＳＰを知る前は、文字やイラストの裏側や余白まで
あーでもないこーでもないと勝手に考えちゃうから、

ぐるぐると面倒なことになっては、ひとりで空回り。

目に見えるものだけ見ていればいいし、
耳に入るものだけ聞いていればいい。

このことに気づくことができて、ほんとうによかった。
もしも気づかないままだったら
この先、50代になっても60代になっても、
深読みしては、あーでもないこーでもないと、
くよくよして、墓穴を掘ってばかりいたのかも。

心を無駄に揺さぶられる時間の、なんて多いこと。
その時間は自分に向けて、
たっぷりと甘やかしたほうが、よっぽど得策。

『申し訳ない病』を治す魔法の言葉

子どもたちはとっくの昔から理解していたのかも

長年患っている病名？それが
ああああーっ
申し訳ない〜!!
『申し訳ない病』
出来合いを並べると×××
申し訳ない〜!!
ごめんね
忙しくて
おいしい♥
料理上手なわけじゃないんだから
別にいいよお惣菜で
気は楽になったけれど
さらっと
ひどいことを言われたような。

もっと図太く、もっと図々しく

決して、正義感が強いわけではない
(と、大声で言うのもどうかと)。
それなのに、いつも背後から押し寄せてくるのは、
「申し訳ない病」。

3人の娘たちには、家事が苦手な母親で申し訳ないと思い、
講演に来てくださったお客さまには、
せっかく来てくれたんだから
100%愉《たの》しんでもらわないと申し訳ないと思う。

プライベートなときでも、パブリックなときでも、

いつだって、きゅきゅーっと肩身が狭い。
もっと図太《ずぶと》く、もっと図々《ずうずう》しくなれたらいいのに。

師匠と慕う方から、こう教えてもらった。
「申し訳ないを、ありがとうに変えましょう」と。
深呼吸をしたあと、まずはそこから。

巷《ちまた》には、たくさんの興味深い著書があふれているのに、
わたしの本を手に取って読んでくださるのは
なんだか申し訳なくって…ではなく、前言撤回。
この本を読んでくださってありがとうございます！

ほんとうにありがとう。
ありったけの感謝をこめて。

大丈夫ですか？
頭がぱんぱんになっていませんか？
HSPあるある
もし疲れちゃったら
少し休んでくださいね♡

HSS（好奇心タイプ）をあわせ持った人って？

HSS（High Sensation Seeking：刺激探求タイプ）について教えてください。実はHSSのチェックをしたら、全部当てはまったんです。笑。

私も当てはまりますね。笑。

私のようにHSPなのにHSSの人と、HSPじゃないHSSとの決定的な違いって何でしょう？

HSSは好奇心が強いので、石橋を渡っちゃう人です。HSPかそうでないかの違いは、現状を確認してから行くか、確認しないで飛び込むか、その違いです。HSPじゃないHSSの人は、全然確認しないでいきなり行く。

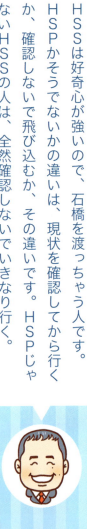

明橋先生はそう?

そういうところありますね。出たとこ勝負、「なんとかなるわ」みたいな。だけどHSPでHSSの人は、一応ちゃんと確認してから行く。だから事故やミスは少ない。

よくHSPやHSCイコール「生きづらい」ってなりがちだと思うんです。私は親からひどく怒られはしたんですが、それを除けば、生きづらさを感じていないんですね。それは楽天的なのかしら?

そういう物事をポジティブにとらえるのは、例えばHSSとか、敏感さ以外の気質がカバーしているんだと思います。

元々持ってるもの？

そうそう。それと、環境ですね。環境や育ち方によって、外交的になる人もいれば、内向的になる人もいるわけです。

一言でＨＳＰと言っても、いろんな人がいるんですね。

そう。気質に合った環境を選べば、生きやすくなります。そういうのが見つからないで、合わない環境に無理やり合わせようとして、苦しい思いをしている、自分を責めている、そういう人は生きづらくなりますよね。やっぱり病気になりますよね。

HSS

High Sensation Seeking

いつでもどこでも大切なのは…

そこがなにか、導火線みたいになって…。

はい。私もだから、ＨＳＰイコール「生きづらい」とは決して思ってないし、むしろそう思ってほしくないと思いますね。そういうＨＳＰでも、ちゃんと家庭環境に恵まれ、学校の友達に恵まれ、自分は大切な存在だと思えるような環境で育った人は、むしろいろんなことに気づくわけだから、能力を発揮するんです。
だからたとえば企業のトップとか、世界で活躍している人なんかは、逆にＨＳＰ／ＨＳＳが多いと言われています。保育や介護の分野で活躍する人もたくさんいる。相手の気持ちをこまやかに酌《く》めるのは、ＨＳＰの特徴なんですね。健康なＨＳＰになるにも、大事なのは、自分を大切な存在だと思える気持ち。それはいくつになっても育て直せます。

HSP
心のサポート①

ダウンタイム（休憩を取る）

自慢じゃないけれど（自慢にならない）すごーく疲れやすい。
子どもの頃から限界まで遊んで翌日は寝たきりそんな繰り返し。
大人になっても相変わらず、真面目な日も。。。
講演会
不真面目な日も
無礼講ばんざーい
翌日はー
いつまでたっても学ばない×××
布団が相棒
楽しい飲み会なのに疲れるのが謎
決意表明
体力つけるぞ!!

早速ジム通い。
それなのに疲れやすさは変わらないまま。
そんなときに知ったのが
HSP
Highly Sensitive Person
やっとわかった!! HSP気質のわたし。
あれこれ納得
消耗しているのは体じゃなくて心だ!!
残ったのは顔に合わないこの体。
なにやってるんだか…
腹直筋くっきり
予定があった翌日はゆったりとすごすよう心がけているよ。
自分を甘やかせるのは自分だけ♥
刺激に疲れた心に必要なのは『ダウンタイム』

HSP 心のサポート② バウンダリー（境界線を引く）

肩どころか
HSPゆえの荷物
はぁ
はぁ
首から腰までがっしりと背負っていた謎の物体。
それを下ろせたのは
イメージは背負い投げ
現実はこう。
ここから立入禁止
この言葉のおかげ。
バウンダリー
人は人。
境界線を引く
自分は自分。

周りから
相談されるたび
共感力が
妙に高いせいで、
相手の悲しみや
怒り、しんどさまで
背負うから大変。
そこで大切なのが
『バウンダリー』。
冷たいようだけど、
相手の悩みだもの。
できるかぎり
寄り添うけれど、
一線を引くことも
忘れないように。
そうしないと、
自分が倒れちゃう。
しんどいときは
『ダウンタイム』と
『バウンダリー』を
意識するように
とっても
大事♥
「どうしよう〜」と
頭を抱えるだけじゃなく
自分に合う解決法を
ひとつずつ探ると
ラクになるよ。
おかげさまで
今は すっきり軽々

かけがえのないひとときを

アクセルとブレーキを同時に踏むような
鉄砲玉のような行動力や、絡《から》まった感情の癖は、
ＨＳＰとＨＳＳが混在しているからだと思っていた。

ＨＳＰを深く知る専門家の先生は、こう語る。
その子に合った環境で育ち、自分が大切な存在だと思えるように
育った子は、生きづらさどころか、
むしろＨＳＰならではの良さを発揮すると。
「生きづらかった？」。静かに自問自答してみる。
そうでもないような、そんな気もするような、答えは曖昧《あいまい》なまま。

父からは、
「みんなと同じことがどうしてできないんだ！」と怒鳴られ、
母からは、
「どうしてわざと困らせることばかりするの？」と泣かれる。

自分が大切な存在だと思えるような状況なんて、見当たらない。
ふと、かけがえのないひとときを忘れていたことに気がついた。
祖父母のもとで暮らしていたあの眩《まばゆ》い日々を。

★ ★ ★

幼い頃から怒られてばかりいたせいで、
冴《さ》えなくて引っ込み思案だったのに、
小学校に入学してからは、活発な性格になった。
就学前の健診で場面緘黙症《かんもくしょう》と診断を受けて、
母を泣かせたのが嘘のよう。

理由はわかっている。
わたしのすべてが両親を疲弊《ひへい》させてしまったのか、
しばらく、母の実家がある千葉県で祖父母と暮らすことになった。
そこでの生活は水を得た魚のようで、

思いっきり腕を伸ばして深呼吸ができる。
よく笑い、よく泣き、よく甘え、時にふてくされて。
そんな、どこにでもいる子どもらしい時間を過ごしているうち、
いつしかわたしの性格はがらりと変わっていた。

両親からはやることなすこと怒られて、
ため息ばかりつかれていたのに、
祖父母はやることなすこと褒《ほ》めちぎり、
頭を撫《な》でて抱きしめてくれる。
あるとき、祖父母が飼っていた「ミイ」という猫の絵を描くと、
家宝の掛け軸のように額に入れて飾ってくれた。

祖母が小児言語外来を探して、連れて行ってくれたおかげで、
苦手だった「さしすせそ」を発音できるようになったのもこの頃。
話すことや聞くことがうれしくて楽しくて、

目に映る世界のすべてに、無数の色が染まっていく。
順応性が高いのか、新しい小学校にもすぐに慣れて、
眠りにつくときは、明日が訪れるのが楽しみでたまらないほど。
それはすべて、祖父母の豊かな愛情のおかげにほかならない。

海で遊び、砂に寝転び、裸足で地平線を駆ける、
そんな宝探しのような生活に終わりを告げる日がやってきた。
いつものように、友達と泥だらけになって遊び疲れて家に戻ると、
そこには母の姿。
ここで暮らしたいと泣いて頼み、祖父母も頭を下げてくれたのに、
「世間体が悪いから」の一言で、いともたやすく切り離された。

飛行機のなかでも泣きじゃくるわたしの腕を静かに掴《つか》み、
「こんなに真っ黒になってみっともない」
そう呟《つぶや》いた母の顔は、怖いくらいに白かった。

北海道で暮らすようになったものの、
どうしても祖父母の待つ家に帰りたくて、
何度も家出をしては連れ戻される、そんな繰り返し。
わたしの問題行動が、姉の受験勉強の妨げになるからと、
再び祖父母のもとで暮らすようになった。
手に負えなくなると、まるで猫でも預けるかのように。

「ミイ」の絵は陽《ひ》に焼けて薄茶色に染まっていたけれど、
祖父母の存在は、なにひとつ変わらないまま。
柱には、わたしの背丈を記す印と日付がびっちりと書かれていた。
背の高い祖父が体をかがめて身長を計り、
ぐんぐんと背が伸びるわたしと印を見比べては、微笑む。

お風呂上がりでほかほかなわたしを祖母が膝《ひざ》に乗せて、
髪の毛を拭《ふ》きながら、あたたかな声で囁《ささや》く。

「優ちゃんは本当にいい子だねぇ」と。
その声は胸のずっと奥まであたためて、夢の世界へといざなう。
ゆっくりとゆったりと。

★　★　★

もしも祖父母がいなかったら、
自分に向けられる周りの視線が刺さるように痛くて怖くて、
冷たくて硬い殻をつくり、閉じこもっていたかもしれない。
今でこそ、こだわりのほとんどが性質によるものだとわかるけれど、
当時は、ただのわがままだと窘《たしな》められていたからなおのこと。

大人になった今、ほとんどのことは克服できた。
敏感な性格を憂《うれ》いては、ときおり自己嫌悪に陥《おちい》る日もあるけれど、
それもまた自分だと納得して、大事にしている。
あの日、祖父母が小さなわたしをまるごと包んでくれていたように。

あとがき

HSPを憂いて嘆いて
頭を抱えなくてもいいし
HSPは特殊だぜ♫と
威張らなくてもいい。
ほかのひとより敏感なだけ。
ただそれだけ。
自分の性質を受けとめたあとは
アンテナを休ませながら、
おもいっきり
謳歌しましょうね♫
一度きりの人生だもの♡

～2009年～
NHKの教育番組で
← 司会をしていたとき、
ゲスト出演してくださった
明橋大二先生☺

約10年後、銅像にされるとは
夢にも思わなかったはず×××

お世話になったみなさまへ
愛♡と感謝✚をこめて。
師匠 Dr.あけはし
非HSP/HSS
ネット Mr.すわっつ
HSP/HSS
編集 Ms.まゆみ
HSP/HSS
メルマガ Ms.よりこ
HSP/HSS
読んでくださった
あなた。
デザイン Ms.あかね
HSP/非HSS
営業 Mr.つじ
HSP/非HSS
営業 Mr.つかもと
非HSP/HSS
企画 Mr.みやじ
非HSP/非HSS

著者略歴

高野 優（たかの ゆう）

写真：山本哲志

育児漫画家・イラストレーターであり、
社会人、高校生の三姉妹の母。
マンガを描きながら話をするという
独特なスタイルで講演を行っている。

平成20年「土よう親じかん」NHK Eテレ・司会
21年「となりの子育て」NHK Eテレ・司会
25年「ハートネットTV」NHK Eテレ・ゲスト
26年 第62回日本PTA全国研究大会記念講演
27年 日本マザーズ協会よりベストマザー賞文芸部門を受賞
28年「スッキリ!!」日本テレビ・コメンテーター
30年・令和元年 スピーカーズアワード教育・育児部門で大賞を受賞

『思春期コロシアム』（東京新聞社）『よっつめの約束』（主婦の友社）等、
著書は40冊以上になり、台湾や韓国等でも翻訳本が発売中。

https://ameblo.jp/youtakano2018
公式ブログ・「釣りとJAZZと着物があれば」

「1万年堂ライフ」で人気の連載を書籍化しました。
https://www.10000nen.com/media/

HSP! 自分のトリセツ　共感しすぎて日が暮れて

令和元年(2019) 10月18日　第1刷発行
令和2年(2020) 10月 8 日　第3刷発行

著　者　高野 優

発行所　株式会社 1万年堂出版

〒101-0052 東京都千代田区神田小川町2-4-20-5F
電話 03-3518-2126　　FAX 03-3518-2127
https://www.10000nen.com/

印刷所　凸版印刷株式会社

装幀・デザイン　市川あかね

ISBN978-4-86626-051-8 C0011